O QUE (SE) PASSA

Mônica Costa Bonvicino

O QUE (SE) PASSA

ILUMI/URAS

Copyright © Mônica Costa Bonvicino

Capa:
Marco Mancini

Composição:
Typelaser

ISBN: 85-85219-37-8

1991
Iluminuras — Projetos e Produções Editoriais Ltda.
Rua Oscar Freire, 1233 — CEP 01426
Tel.: (011) 852-8284
Fax: (011) 221 7907
São Paulo — Brasil

ÍNDICE

o mar	11
noite ao mar	12
o pintor do mar	14
para mim	15
supermercado 2	16
tarde	17
o que (se) passa	18
ferro de engomar	19
supermercado 1	20
cidade 2	21
cidade 1	22
cidade 3	24
dourado	25
despertar	26
o que (se) passou	27
desmanchar	28
lágrimas	30
um vício	31
um pavão	32
a esquina	33
o que existe	34
mistério	36
mundo real	38
contra o nada	39

*"No rest
      without love,
no sleep
      without dreams
of love —
      be mad or chill
obsessed with angels
      or machines,
the final wish
      is love..."*

Allen Ginsberg

O MAR

ouço o mar
o mar está aqui
(é um plástico amassado
atrás de um navio)
a chuva deixa o mar
turvo
a noite me traz
vultos
as luzes da varanda
estão acesas
junto com as estrelas
há insetos no ar
e ondas na costa
— ouço o tormento
bater nas rochas

NOITE AO MAR
(para anamelinha)

ela aparece contra a luz
carros buzinam
a Rural Willis de meu avô tenta cruzar
ela vem co' a menina negra no colo
— é um milagre —
caminha entre árvores do vale
acordo e
(era um Ford)
tento me livrar
águas invadem o cais
a estrada fica cheia de buracos
a noite de uma luz difusa
a água me leva
inunda um barco
avanço nado
o amor é vivo
colegiais voam de avião
enchem a alma de Deus
a noite provoca
homens projetados nas nuvens
ela está de óculos
sonho com um pomar maduro
que não posso pegar
desço o elevador
ela volta
lágrimas melosas

lágrimas de calça rosa
nada além
desse astigmatismo:
mnemônica,
ela volta,
no violão,
e várias,
pelos poros

O PINTOR DO MAR

o pintor do mar revela
certa luminosidade
as tintas da madrugada
histórias do seu litoral

um movimento do vento na cortina,
ele registra na onda do mar

o vento espalha a cortina
muda a iluminação da sala
a sombra dos móveis;
o mar dobra o navio

lições de luz
pairam sobre a tempestade

PARA MIM

para mim,
você é,
a invenção do náilon
o jornal que me influencia
este mundo de todos os dias
eu serzir a meia do menino

você é,
o aço inoxidável
das minhas panelas da cozinha
o corte no pé de meu neném
e o automóvel de alguém

você é,
linha de montagem
personagem da Terceira Margem
pedra bruta do escultor
linhas correntes do pintor

você é,
o físico acelerar o elétron
a maior parede de concreto

SUPERMERCADO 2

queria ser

sua supermãe
seu supermercado
seu mel superbom
seu carro

sua secretária

sua casa própria
sua viagem de férias
seu seguro contra incêndio

seu uísque contra o tédio
seu almoço de negócios
seu remédio

TARDE

tarde, cinco da madrugada
estou na contramão do sono
quem me acorda sonha comigo
enquanto ele dorme, eu me dano

estou na sala, aqui, parada
como se fosse um cão sem dono
o Sol acaba de deixar meu signo
há na vida algo de insano

dor, ausência. O Sol, o que mais falta
nem a cidade silencia
faróis, buzinas me assaltam
nada... asfalto, monotonia

O QUE (SE) PASSA

passam na estrada
campos cultivados
algodão cana café

passam na estrada
cão homem menino
mulher de cara lavada

passam diálogos
lógicos incertos
irracionais
comedidos normais

passam na estrada
capim árvores esparsas
(insert) espaços vazios

passam cenas
lapsos longos do meu tempo

(zoom in) íntimos
que queimam por dentro

FERRO DE ENGOMAR

o ferro desliza no lençol de linho
engoma também guardanapos
vestidos de mousseline
camisas de algodão
robes de chambre
de seda preta
calças de gabardine
macacões de sujar no quintal

costumava observar
encolhida num balaio de vime
ao lado do dobermann estirado no ladrilho

a engomadeira alimentava
o ponto da brasa esquentar o metal

esperava com paciência
o calor exato do ferro a carvão

SUPERMERCADO 1

caminho entre
suas marcas preferidas
no supermercado
na farmácia

esparadrapo
aspirina
(tem tanta coisa)
arroz agulhinha
café do ponto

gilete, chicletes, durex

meus grãos do princípio único
seus condimentos franceses
— os meninos escolhem merendas
biscoitos, doces
penso no essencial
mel, azeite estrangeiro
sal

CIDADE 2

a rua de barro
lama e esgoto

o povo privado de Sol
anda mais pálido
nos ônibus cheios

plantaram asfalto
no mar
uma escola no meio
entre árvores escassas

o lixeiro
não passa
a chuva
não passa

CIDADE 1

estou só
com lembranças
estou só
com saudade
estou só
com trabalho

a cidade
está em mim
sem ferir
sem fim
estou perto
do metrô

o bairro,
uma praia:
areia de cimento
poeira

na esquina
meninos dizem besteiras
um gato passa
passa o bar
e a vitrine
o poste
e o buraco
da calçada

estou só
com o mendigo
nu,
céu nublado:
às vezes azul

CIDADE 3

a cidade parece
uma fazenda inteira
na beira da estrada
o mato
pára tudo no horizonte

casas na praça central
de arquitetura ibérica
casa branca, venda branca
casas sem jardins nas frentes
mas com um vasto quintal

o trilho corta o asfalto, as rádios
AMs, a retransmissão da TV, o jornal
o balcão antigo da farmácia

uma estrada de horas
separa o tempo do agora

DOURADO
(para haroldo)

buscar na feira
especiarias
castanhas
sementes e mariscos
leite de côco ralado

limpar camarões:
especialidades
companheiras
do vatapá;

postas alquímicas
inventam um dourado

DESPERTAR

o ar comprimido da porta do ônibus
avisa que o dia entra pela persiana
— painel de luz projetado na parede

o pregão soa entre martelos
da construção, a serra de cortar ferro
arruina a sintaxe do sonho

chega a encomenda da feira
soa o apito do amolador de tesouras

limitam o espaço das coisas
para "exatamente como são"

O QUE (SE) PASSOU

o homem tomou veneno letal
e se arrependeu de morrer

explodiu o ônibus espacial
antes dos tripulantes notarem

o jornal que já foi às bancas
sem ter publicado o segundo clichê

o telefone parou de tocar
quando você foi atender

faltou luz no justo momento
para ler as instruções de socorro

você ainda está na outra calçada
e o trem acabou de passar

o sonho desapareceu da mente
antes de você captá-lo

a palavra foi esquecida
no instante exato de usá-la

DESMANCHAR

desmanchar medusas e seus tentáculos
alagar as plantações

corroer o marfim dos elefantes
amargar o hálito dos amantes

tropeçar nos cavalos de corrida
proibir orações nas Mesquitas

embaralhar as linhas no tear
dissolver a espuma do mar

encher de ácaros bibliotecas
alterar o sabor do néctar

diluir o perfume dos jasmins
quebrar asas dos Querubins

roer seda e veludo dos palácios
calar o canto dos pássaros

envenenar a flecha de Cupido
tornar a razão sem sentido

pôr discórdia na boca dos amigos
azedar o vinho

quebrar o mármore das esculturas
fazer do amor caricatura

"Xerxes mandou açoitar o mar
que engolira seus navios"

"excesso de doçura engendra a dor"
Deus me provoca enjôo

LÁGRIMAS

lágrimas
um amor que partiu
lágrimas
um corpo frio
lágrimas
saudade e dor
lágrimas
seja o que for
de crocodilo
de cortar cebola
de colírio
olhos lacrimejantes
olhos de cloro
óculos escuros
"olhos de areia"
olhos marejados
vermelhos e molhados

UM VÍCIO

vício de rezar
de repetir
vício de limpar
vício de amamentar

vício de dormir
de mastigar
ímpeto de começar
não saber parar

telefonar sem parar
beber até cair
vício de fumar
cheirar até o fim

vício de linguagem
compreensivo
constante
vício compulsivo

vício escondido
controlado
vício consentido
vício sem sentido

vício que destrói
anestesia
vício que dói
vício que vigia

UM PAVÃO

um pavão que se expõe
ridículo engraçado
com suas cores nuas
réptil que se insinua
triste complicado
uma baleia dinossauro
submisso abnegado
bem-te-vi um gato
escandaloso passional
um desequilíbrio de propósitos
estonteante ardente
cão louco atrás de sua fêmea
sedutor recíproco
um atentado ao pudor
extremamente compreensível

A ESQUINA

a esquina vai durar
mais do que nós

o lixo espacial
as ondas do mar
o cinzeiro azul de cristal
o fax o sedex
o hotel
o abajur de papel chinês
mais do que você

vão ficar
edifícios estrelas
vitrines telefones
lírios sufixos
assim como rios lagoas
e navios

o museu de cera
vai reproduzir
terrenos baldios
estátuas de garçons
e do inventor dos glúons

O QUE EXISTE

o que move você
cinco sentidos
sonho, imaginação
obrigação de viver

o que acontece
a favor de seu corpo
pulmão, intestino, emoção
o vento que corta morno

o que existe, entre nós
ciúme, medo, pressão
TV, rádio, jornal
amor, desejo, desilusão

a Lua que restou
hoje, no céu, de manhã

o que pesa, entre nós
o volume de seu corpo

que tipo de cupido
posse, modo de viver
meses, estações
quantas cidades
rios, plantações

o que há em comum
éter, cotidiano
o passar dos anos
outra coisa qualquer
a luz, os livros
a porta do corredor

que mais, o que faz
nas festas que você vai
que olhares sensuais
ou, todo dia,
quando você sai

que lugares
loucos de rua
frutas ornamentais
flores, bem-estar
faz você suspirar?

MISTÉRIO

Deve haver mágica,
o azul do céu,
a Lua.
Há acústica
(é só ouvir as ruas),
a luz é rápida
— há de ser Deus,
que ilumina o trânsito,
o movimento dos ventos.
Há luz elétrica.
Para todo o mar
— deve haver magia,
nanã, iemanjá.
Não deve ser à toa,
Fernando Pessoa, Lisboa,
prédios de cidades inquietas,
ondas eletro-magnéticas.
Têm funções as ciganas,
as missas, as romarias.
Curam os médicos.
Para todo o amor,
existe telepatia,
engenharia genética,
anestesia para a dor.
Há morganas,
anti-matéria,
aviões a jato.

Lê-se a sorte,
nas cartas, búzios.
Há destino.
Prevê-se a morte,
a sina, o norte.
O Sol não se apaga.
Deve ser imagem.

MUNDO REAL

um dia,
uma idéia sua,
pareceu ser minha?

sua risada, às vezes,
parecida comigo,
me lembra, a você?

uma voz por telefone
tom timbre melodia
era momentaneamente a minha?

atravessei a rua
entrei no elevador subi a escada
perto de onde você estava?

você viu meu jeito
em foto de revista jornal
álbum de retrato pessoal?

você acredita no mundo real?

CONTRA O NADA

contra o nada do ser cotidiano
Congonhas, Tiradentes, via sacra
crucifixo, cordão de franciscano
trabalho para o santo que despacha
o pai, o filho, o espírito santo
a missa para todos os domingos
a mãe, ogum, nanã, iemanjá
fita de Nosso Senhor do Bonfim
conversadeiras de jacarandá
você conhece paisagens assim?

estátuas sacras, missas em latim
pão bento guardado na farinha
clausuras em corredores sem fim
o terço da novena da velhinha
as casas do terreiro e seus jardins
a água de xangô p'ra restaurar
fila da sopa na porta da igreja
água benta, hóstia, sobre o altar
guia, escapulário, rezas secretas
quem sabe me ensinam a esperar